AF564061

LA

BATAILLE DE TSOUSHIMA

Rapport de l'Amiral TOGO

BERGER-LEVRAULT & Cie, ÉDITEURS

PARIS | NANCY
DES BEAUX-ARTS | 18, RUE DES GLACIS

1905

Prix : 1 franc.

LA

BATAILLE DE TSOUSHIMA

LA

BATAILLE DE TSOUSHIMA

Rapport de l'Amiral TOGO

BERGER-LEVRAULT & Cie, ÉDITEURS

PARIS
5, RUE DES BEAUX-ARTS

NANCY
18, RUE DES GLACIS

1905

LA

BATAILLE DE TSOUSHIMA

Rapport de l'Amiral TOGO

Avec l'aide du Ciel, nos escadres combinées ont combattu, les 27 et 28 mai, les deuxième et troisième escadres ennemies et ont réussi à les anéantir presque entièrement.

Lorsque la première partie de la flotte ennemie fit son apparition dans les mers du sud, nos escadres, en exécution des ordres de Sa Majesté, adoptèrent comme ligne de conduite de l'attendre et de la combattre dans nos eaux territoriales ; en conséquence, nous avons concentré nos forces dans le détroit de Corée et nous y avons attendu son arrivée dans le nord.

Après être resté un certain temps sur les côtes d'Annam, l'ennemi se dirigea vers le nord et, quelques jours avant l'époque où il devait arriver dans nos eaux, un certain nombre d'éclaireurs furent envoyés en surveillance dans la direction du sud-ouest, conformément au plan convenu, tandis que les escadres de bâtiments militaires se tenaient prêtes pour le combat, chacune étant mouillée à sa base de façon à pouvoir appareiller au premier signal.

Ces dispositions étant prises, le 27, à 5 heures du matin, le *Shinano-Maru*, qui était en grand'garde dans le sud-ouest, put signaler par la télégraphie sans fil : « La flotte ennemie est en vue dans le carreau 203 ; elle semble se diriger vers le détroit de l'est. »

Dans toute la flotte, chacun se précipita à son poste ; les bâtiments appareillèrent aussitôt et chaque escadre se dirigea en ordre vers l'endroit qui lui avait été assigné, en prenant les dernières dispositions pour recevoir l'ennemi. A 7 heures, l'éclaireur placé à l'aile gauche de la ligne de surveillance intérieure signala : « Les navires ennemis sont en vue ; ils ont déjà atteint un point situé à 25 milles au nord-ouest d'Ukushima et font route au nord-est. » La division Togo (capitaine Togo Masamichi), la division Dewa et l'escadre des croiseurs qui était sous le commandement direct du vice-amiral Kataoka entrèrent successivement en contact avec l'ennemi de 10 à 11 heures, entre Iki et Tsoushima ; ces divisions, bien qu'elles fussent de temps en temps canonnées par l'ennemi, réussirent à conserver le contact jusque dans le voisinage d'Okinoshima, envoyant par le télégraphe des renseignements fréquents et précis sur sa position. C'est ainsi que, malgré une brume épaisse qui couvrait la mer et ne permettait pas de voir à plus de 5 milles, nous avons pu connaître la position de l'ennemi, bien que nous en fussions à 30 ou 40 milles, aussi exactement que si nous l'avions vu de nos propres yeux. Longtemps avant de l'apercevoir, nous savions que ses forces militaires se composaient des deuxième et troisième escadres du Pacifique, qu'il était accompagné de sept bâtiments auxiliaires, qu'il était rangé sur deux colonnes, que ses bâtiments les plus puissants formaient la tête de la colonne de droite, que les bâtiments auxiliaires suivaient sur l'arrière, que sa vitesse était d'environ 12 nœuds et qu'il continuait à s'avancer dans le nord-est.

Il me fut ainsi possible de prendre des dispositions en vue de me trouver vers 2 heures près d'Okinoshima et d'attaquer la tête de la colonne de gauche. La principale escadre, l'escadre des croiseurs cuirassés, la division Uriu et plusieurs divisions de destroyers atteignirent à midi un point situé à environ 10 milles au nord d'Okinoshima, d'où elles firent route à l'ouest, dans le but d'attaquer la colonne de gauche de l'ennemi ; à $1^{h}30$ environ, la division Dewa, l'escadre des croiseurs et la division du capitaine Togo, qui tenaient toujours le contact, arrivèrent l'une après l'autre et se réunirent. A $1^{h}45$, nous aperçûmes l'ennemi pour la première fois ; il était par bâbord à une distance de plusieurs milles. Ainsi que nous le pensions, la colonne de droite était formée par quatre cuirassés du type *Borodino;* sa colonne de gauche comprenait l'*Ossliabia*, le *Sissoï-Véliky*, le *Navarin* et le *Nakhimof;* après eux, venaient le *Nicolas Ier* et les trois garde-côtes, formant une autre escadre. Le *Jemtchoug* et l'*Izoumroud* étaient placés entre les deux colonnes et semblaient faire le service d'éclaireurs. A l'arrière, perdus dans la brume, nous voyions indistinctement l'*Oleg* et l'*Aurora* formant une escadre avec d'autres croiseurs de deuxième et de troisième classe, tandis que le *Dimitri-Donskoï*, le *Vladimir-Monomakh* et les bâtiments auxiliaires, en ligne de file, constituaient une autre colonne qui s'étendait sur une longueur de plusieurs milles.

Je donnai alors l'ordre à toute la flotte d'entrer en action et, à 1h 55, je fis faire pour tous les navires qui étaient en vue le signal suivant: « Le sort de l'empire dépend du résultat de la bataille; que chacun fasse son possible. »

Peu après, notre principale escadre courut au sud-ouest, comme si mon intention était de croiser l'ennemi à contre-bord; puis à 2h 5, elle vint subitement à l'est et fit route de façon à passer obliquement sur l'avant de la tête de la colonne ennemie. L'escadre des croiseurs cuirassés suivait la principale escadre, formant avec elle une seule ligne de file. La division Dewa, la division Uriu, l'escadre des croiseurs et la division du capitaine Togo, pour se conformer au plan arrêté d'avance, se dirigèrent vers le sud, afin d'attaquer l'arrière de la colonne ennemie. Telles étaient, au commencement de la bataille, les situations respectives des combattants.

Combat de la principale escadre

La tête de la colonne ennemie, lorsque notre principale escadre s'en rapprocha, changea légèrement sa route sur tribord et ouvrit le feu à 2h 8. Pendant quelque temps, nous n'avons pas répondu ; mais, arrivés en dedans de 6 000 mètres, nous avons commencé un feu violent en le concentrant sur deux des vaisseaux. Sous cette pression, l'ennemi accentua son mouvement dans le sud et ses deux colonnes changèrent simultanément leur route jusqu'à l'est, ce qui le plaça sur une seule ligne de file irrégulière, parallèle à la nôtre. L'*Ossliabia*, qui conduisait la colonne de gauche, fut bientôt sérieusement avarié ; un incendie considérable se déclara à bord et il dut sortir de la ligne de combat. Toute l'escadre des croiseurs cuirassés suivait maintenant en ligne notre principale escadre et le feu des deux escadres réunies devenant plus efficace à mesure que la distance diminuait, le bâtiment amiral *Kniaz-Souvorof* et l'*Imperator-Alexandre III*, qui était le second dans la ligne, parurent enveloppés de flammes et quittèrent la ligne de combat. Le désordre s'accentua encore dans la formation ennemie. Plusieurs autres vaisseaux durent aussi lutter contre l'incendie; la fumée, chassée par le vent d'ouest, se répandit rapidement sur le champ de bataille et enveloppa la flotte ennemie; si bien que, le brouillard aidant, nos principales escadres cessèrent le feu pendant un certain temps.

De notre côté aussi, les vaisseaux avaient plus ou moins souffert. L'*Asama* avait été touché par trois projectiles à l'arrière, près de la ligne de flottaison; son appareil à gouverner avait été avarié et il embarquait beaucoup d'eau. Il fut obligé de se retirer du combat; mais, après des réparations sommaires, il fut en état de reprendre son poste. Telle était, à 2h45, la situation des principales forces engagées; mais déjà le sort de la bataille était décidé.

Notre principale escadre continua ensuite à pousser l'ennemi dans le sud, tirant sur lui à loisir chaque fois qu'on apercevait ses navires à travers la fumée et le brouillard. A 3 heures, nous nous trouvions sur une ligne parallèle à la sienne, gouvernant presque au sud-est, lorsque brusquement il vint au nord et parut vouloir passer sur l'arrière et au nord de notre ligne. Aussitôt, notre principale escadre fit un mouvement de 16 quarts sur la gauche et, le *Nisshin* en tête, nous avons gouverné au nord-ouest. Les croiseurs cuirassés suivirent le sillage des cuirassés et de nouveau l'ennemi fut refoulé vers le sud, accompagné par un feu violent. A 3h7, le *Jemtchoug* se trouva sur l'arrière des croiseurs cuirassés et fut sérieusement endommagé. L'*Ossliabia*, qui était déjà hors de combat, coula à 3h 10, tandis que le *Kniaz-Souvorof* se trouvait isolé dans une situation de plus en plus critique. Il perdit un mât et deux cheminées et tout le bâtiment était enveloppé de flammes et de fumée; sa position était désespérée et son équipage avait perdu tout espoir. Les autres bâtiments ennemis, très éprouvés, changèrent encore une fois de route et vinrent jusqu'à l'est. La principale escadre changea aussi de direction en venant de 16 quarts sur tribord et, suivie par les croiseurs cuirassés, elle poursuivit l'ennemi qui battait en retraite, en l'accablant sous son feu et en lançant également des torpilles lorsque l'occasion s'en présentait. Jusqu'à 4h45, la situation resta stationnaire; l'ennemi était toujours refoulé dans le sud et le feu continuait.

Il y a lieu de mentionner spécialement ici la façon dont se conduisirent le destroyer *Chihaya* et la division de destroyers Hirose à 3h40, ainsi que la division de destroyers Suzuki à 4h45; ils lancèrent bravement leurs torpilles sur le bâtiment amiral *Kniaz-Souvorof*. Le résultat est resté incertain en ce qui concerne les premiers, mais une torpille lancée par les derniers frappa le *Souvorof* à bâbord derrière et on le vit peu de temps après donnant une bande de 10°. Dans ces deux attaques, le *Shiranui*, de la division Hirose, et l'*Asashio*, de la division Suzuki, furent atteints par des obus lancés par les bâtiments voisins et coururent des dangers; mais tous deux purent heureusement s'échapper.

A 4^h40, l'ennemi sembla renoncer à se frayer un passage du côté du nord, car il gouverna au sud et essaya de s'enfuir dans cette direction. En conséquence, notre principale escadre, précédée des croiseurs cuirassés, se lança à sa poursuite; mais le brouillard et la fumée le firent perdre de vue. Après avoir fait 8 milles dans le sud, nous aperçûmes par tribord un croiseur de deuxième classe et quelques navires auxiliaires sur lesquels nous fîmes feu à loisir; à 5^h30, notre principale escadre revint au nord afin de retrouver les cuirassés ennemis, tandis que les croiseurs cuirassés continuaient dans le sud-ouest pour attaquer les croiseurs ennemis. A partir de ce moment jusqu'à la tombée de la nuit, nos deux escadres suivirent des routes différentes et se perdirent de vue.

A 5^h40, la principale escadre tira sur le vapeur auxiliaire *Oural* qui passait à proximité par bâbord et le coula aussitôt. Continuant à faire route au nord à la recherche de l'ennemi, l'escadre finit par apercevoir à bâbord six des vaisseaux de sa principale escadre qui fuyaient en groupe dans le nord-est. Nous rapprochant aussitôt, nous avons suivi une route parallèle à la leur et le combat recommença en les gagnant peu à peu et en les écrasant de notre feu. L'ennemi avait d'abord gouverné au nord-est; mais il infléchit graduellement sa route vers l'ouest et finalement se maintint au nord-ouest. Ce combat sur deux lignes parallèles dura de 6 heures du soir à la tombée de la nuit. L'ennemi était si éprouvé que son feu se ralentit beaucoup, tandis que le nôtre n'étant plus contrarié devenait de plus en plus efficace. Un cuirassé du type *Alexandre III* sortit précipitamment de la ligne et tomba en arrière, et un vaisseau comme le *Borodino*, qui conduisait la colonne, prit feu à 6h40; à 7h23, on le vit subitement entouré de fumée, puis il coula en un instant, l'incendie ayant probablement atteint son magasin. En outre, les croiseurs cuirassés, qui étaient alors dans le sud à la poursuite de l'escadre de croiseurs ennemie fuyant dans la direction du nord, aperçurent à 7h7 un cuirassé du type *Borodino;* ce bâtiment donnait une forte bande et ne pouvait plus gouverner; il avait dans son voisinage le *Nakhimof*, près duquel il coula en chavirant. On sut plus tard par les déclarations des prisonniers que c'était l'*Alexandre III* et que l'autre bâtiment que la principale escadre avait vu couler était le *Borodino*.

Il commençait à faire nuit; nos divisions de destroyers et de torpilleurs, après avoir fait leurs préparatifs pour l'attaque, enveloppaient déjà l'ennemi au nord, à l'est et au sud. En conséquence, la principale escadre cessa peu à peu de presser l'ennemi et, à 7h28, au moment où le soleil se couchait, elle s'éloigna dans l'est. Je donnai l'ordre à la flotte de prendre la direction du nord, en fixant les îles

Ulneung comme lieu de rendez-vous pour le lendemain matin.

Combat des divisions Dewa, Uriu et Togo et de l'escadre des croiseurs

A 2 heures, lorsque l'ordre d'ouvrir le feu fut donné, les divisions Dewa, Uriu et Togo, ainsi que l'escadre des croiseurs, se séparèrent de la principale escadre et se dirigèrent dans le sud en tenant l'ennemi par bâbord. En exécution du plan stratégique déjà établi, elles allèrent menacer les bâtiments formant l'arrière-garde ennemie, c'est-à-dire les navires auxiliaires et les croiseurs *Oleg, Aurora, Sviétlana, Almaz, Dimitri-Donskoï* et *Vladimir-Monomakh*. Les divisions Dewa et Uriu, opérant ensemble sur une seule ligne de file, se rapprochèrent de l'escadre des croiseurs ennemis et faisant une route opposée à la sienne, elles s'engagèrent avec elle en passant sur son arrière ; puis elles se postèrent sur son côté tribord où l'attaque se continua sur deux lignes parallèles. Grâce à leur vitesse supérieure, ces divisions eurent la faculté de modifier leur position à leur convenance, canonnant l'ennemi tantôt par tribord, tantôt par bâbord. Au bout de trente minutes, le désordre se mit dans l'arrière-garde ennemie, les navires auxiliaires aussi bien que les bâtiments de guerre se dispersèrent et perdirent toute cohésion.

Un peu après 3 heures, un bâtiment du type *Aurora* se détacha des autres et se rapprocha ; mais il dut rebrousser chemin après avoir été gravement avarié par le feu de nos vaisseaux. De nouveau, à 3h40, trois destroyers ennemis s'élancèrent pour nous attaquer, mais ils furent repoussés sans avoir obtenu aucun résultat.

La conséquence de l'attaque combinée des divisions Dewa et Uriu fut que, à 4 heures, la situation commençait à se dénouer et que les divisions de l'arrière-garde ennemie étaient dans une confusion complète. Les vaisseaux, sur cette partie du champ de bataille, n'avaient plus de formation ; tous paraissaient avoir éprouvé plus ou moins d'avaries, et il semblait que quelques-uns ne pussent plus gouverner.

La division Uriu, vers 4h20, aperçut un des vapeurs auxiliaires (probablement l'*Anadyr*) portant trois mâts et deux cheminées, qui se trouvait isolé ; aussitôt, elle l'écrasa de son feu et le coula. Cette même division canonna aussi violemment un autre bâtiment auxiliaire, un quatre-mâts avec une cheminée (probablement l'*Irtish*), et le coula presque. A peu près au même moment, notre escadre de croiseurs et la division Togo arrivèrent sur le lieu du combat et joignirent leurs forces à celles des divisions Dewa et Uriu, et tous, réunissant leurs efforts, attaquèrent et poursuivirent l'escadre des croiseurs ennemis et les vapeurs auxiliaires qui étaient en désordre. Pendant que ces événements se passaient, quatre vaisseaux ennemis (peut-être les garde-côtes) refoulés par nos principales escadres, firent route au sud et rallièrent l'escadre des croiseurs. Il en résulta que la division Uriu et l'escadre des croiseurs furent sérieusement engagés avec eux pendant un certain temps, à courte distance, et tous les bâtiments souffrirent plus ou moins; mais heureusemen. leurs avaries n'étaient pas graves.

Précédemment, le *Kasagi,* qui portait le pavillon dans la division Dewa, avait été atteint à bâbord en dessous de la flottaison. Comme il avait une voie d'eau, il dut se retirer dans un endroit où la mer était calme, afin d'exécuter des réparations temporaires. Le contre-amiral Dewa fit accompagner le *Kasagi* par le *Chitose,* et les autres bâtiments de sa division passèrent sous le commandement du contre-amiral Uriu. A 6 heures, le *Kasagi* arriva dans la baie d'Aburaya, et le contre-amiral Dewa, après avoir transféré son pavillon sur le *Chitose,* reprit la mer pendant la nuit; mais les réparations du *Kasagi* ne purent être effectuées à temps pour permettre à ce bâtiment de participer à la poursuite de la journée suivante. Le bâtiment-amiral *Naniwa,* de la division Uriu, reçut aussi un obus à l'arrière au-dessous de la flottaison; il dut quitter la ligne de bataille pour procéder à des réparations sommaires.

Dans le nord aussi bien que dans le sud, toute la flotte ennemie était maintenant dispersée et se trouvait dans une situation lamentable. C'est pourquoi, à 5^h30, notre escadre de croiseurs cuirassés se sépara de la principale escadre et fit route au sud pour attaquer l'escadre des croiseurs ennemis. En même temps, l'ennemi s'enfuit en groupe dans le nord, poursuivi par la division Uriu, l'escadre des croiseurs et la division Togo. Sur leur route, ils aperçurent le *Kniaz-Souvorof* qui était resté en arrière, ne pouvant plus gouverner, ainsi que le bâtiment-atelier *Kamtchatka;* l'escadre des croiseurs et la division Togo se mirent aussitôt en mesure de les détruire. A 7^h10, le *Kamtchatka* fut coulé; puis la division de torpilleurs Fujimoto qui accompagnait l'escadre des croiseurs s'élança à l'attaque du *Souvorof*. Celui-ci se défendit jusqu'au dernier moment avec une petite pièce de retraite; mais il finit par être atteint par deux torpilles et coula. Il était 7^h20. Très peu de temps après, les bâtiments qui se trouvaient sur cette partie du champ de bataille reçurent des ordres relatifs au rendez-vous aux îles Ulneung; en conséquence, ils cessèrent le combat et firent route dans le nord-est.

Combat des divisions de destroyers et de torpilleurs

Le combat de nuit du 27 commença immédiatement après que le combat de jour eut cessé. Ce fut une attaque impétueuse et énergique des différentes divisions de destroyers et de torpilleurs.

Depuis la matinée, un vent violent de sud-ouest avait occasionné une mer si forte que la manœuvre des petits bâtiments devenait très difficile. Ce que voyant, j'envoyai la division de torpilleurs qui m'accompagnait se mettre à l'abri dans la baie de Miura avant que le combat de jour ne commençât. Dans la soirée, le vent perdit un peu de sa violence, mais la mer restait très grosse et la situation des torpilleurs restait défavorable pour des opérations de nuit. Néanmoins, nos divisions de destroyers et de torpilleurs, craignant de perdre cette unique occasion d'entrer en action, sortirent tous avant le coucher du soleil malgré l'état du temps et s'approchèrent de l'ennemi, chacun s'efforçant d'arriver le premier. La division de destroyers Fujimoto, arrivant du nord, la division de destroyers Yajina et la division de torpilleurs Kawase, venant du nord-est, attaquèrent la principale escadre ennemie, tandis que la division de destroyers Yoshijima et la division de destroyers Hirose attaquaient la queue de cette même escadre par l'est et le sud-est. Les divisions de torpilleurs Fukuda, Otaki, Aoyama et Kawada, venant du sud, poursuivirent les vaisseaux détachés de la principale escadre ennemie, ainsi que le groupe des croiseurs, en se tenant parallèlement sur leur arrière à bâbord. Ainsi, lorsque la nuit tomba, ces flottilles entouraient l'ennemi de trois côtés. Effrayé apparemment de cette situation, il renonça au coucher du soleil à continuer sa route au sud-ouest et sembla se diriger de nouveau dans l'est. A 8^h15, le combat de nuit commença par l'attaque de la division de destroyers Yajima sur la tête de la principale escadre ; à partir de ce moment, toutes les divisions de torpilleurs s'abattirent sur cette escadre de toutes les directions et ne cessèrent pas de l'attaquer jusqu'à 11 heures. Dès la tombée de la nuit, l'ennemi fit une résistance désespérée, se servant de son artillerie et de ses projecteurs ; mais il ne résista pas à cet assaut ; il ne put conserver sa formation, et le désordre se mit dans ses rangs, ses vaisseaux se dispersant dans toutes les directions afin de se soustraire aux attaques. Les torpilleurs les poursuivant, il en résulta une mêlée au cours de laquelle le cuirassé *Sissoï-Véliky* et les croiseurs cuirassés *Amiral-Nakhimof* et *Vladimir-Monomakh* — trois bâtiments au moins — furent frappés par des torpilles et désemparés. De notre côté, le n° 69 de la division de torpilleurs Fukuda, le n° 34 de la division Aoyama et le n° 35 de la division Kawada furent coulés par les obus ennemis pendant l'action ; les destroyers *Harusame, Akatsuki, Ikatsuki* et *Yugiri,* ainsi que les torpilleurs *Sogi,* n°s 68 et 33 souffrirent plus ou moins des obus ou des collisions et furent mis temporairement hors de combat. Les pertes furent comparativement nombreuses, particulièrement dans les divisions Fukuda, Aoyama et Kawada. Les équipages des trois torpilleurs qui ont coulé furent recueillis par leurs conserves : le *Kari* et les n°s 31 et 61.

D'après les renseignements fournis par les prisonniers ultérieurement, l'attaque des torpilleurs pendant la nuit fut extraordinairement impétueuse. Ils se précipitaient avec une telle vitesse et s'approchaient si près qu'il était impossible de les arrêter, et ils attaquèrent de si près que les canons des vaisseaux n'avaient pas un pointage négatif suffisant pour les atteindre.

En dehors des attaques ci-dessus, la division de destroyers Suzuki et d'autres divisions de torpilleurs opérèrent dans d'autres directions, cette même nuit, à la recherche de l'ennemi. Le 28, à 2 heures du matin, la division Suzuki aperçut deux bâtiments faisant route au nord, à 27 milles à l'est-nord-est de Karasaki. Elle leur donna aussitôt la chasse et coula l'un des navires. L'identité des prisonniers sauvés révéla que c'était le *Navarin;* il avait reçu deux torpilles de chaque bord et avait coulé en quelques instants. Les autres divisions de torpilleurs firent des recherches dans différentes directions, pendant toute la nuit, mais ne purent rien découvrir.

Bataille du 28 mai

Le 28 mai, au jour, la brume qui avait régné depuis la veille se dissipa. La principale escadre et l'escadre des croiseurs cuirassés se trouvaient à 20 milles environ dans le sud des îles Ulneung ; les autres divisions ainsi que les flottilles de torpilleurs qui avaient pris part aux attaques de la nuit précédente se dirigeaient vers le rendez-vous par différentes routes. A 5h 20, au moment où j'étais sur le point de former l'escadre des croiseurs cuirassés en cordon de recherche, de l'est à l'ouest, pour intercepter la ligne de retraite de l'ennemi, l'escadre des croiseurs, qui était alors à 60 milles environ en arrière et faisait route au nord, signala qu'elle apercevait l'ennemi dans l'est et que plusieurs colonnes de fumée étaient également visibles. Peu après, cette escadre s'approcha de l'ennemi et informa que sa force était de quatre cuirassés, dont deux furent ensuite reconnus pour des garde-côtes, de deux croiseurs, et qu'elle se dirigeait vers le nord. Il devenait évident, sans plus ample informé, que ces vaisseaux constituaient le corps principal des débris de la flotte ennemie. En conséquence, notre principale escadre et l'escadre des croiseurs cuirassés virèrent de bord et firent route à l'est pour barrer la route à l'ennemi, tandis que les divisions Togo et Uriu, se réunissant à l'escadre des croiseurs, prirent poste sur son arrière, de telle sorte que, à 10h 30, à 18 milles au sud de Takeshima, il était complètement enveloppé. Cette force était composée des cuirassés *Orel* et *Nicolas Ier*, des garde-côtes *Amiral-Apraxine* et *Amiral-Séniavine* et du croiseur *Izoumroud*, cinq bâtiments en tout. Un autre croiseur fut aperçu très loin dans le sud, mais il fut bientôt hors de vue. Non seulement ces débris de la flotte ennemie avaient déjà subi de graves avaries, mais les bâtiments qui les constituaient ne se trouvaient pas en état de lutter contre la supériorité de nos forces. Aussi, peu après que notre principale escadre et l'escadre des croiseurs cuirassés eurent ouvert le feu sur eux, le contre-amiral Nébogatof qui les commandait signala son désir de se rendre avec les forces placées sous ses ordres. J'acceptai sa capitulation et, par faveur spéciale, j'autorisai les officiers à garder leur sabre. Le croiseur *Izoumroud*, avant la capitulation, avait fui dans le sud à toute vitesse; puis, après avoir passé à travers la division Togo, il s'échappa dans l'est. A ce moment, le *Chitose* nous ralliait; il arrivait de la baie Aburaya et avait coulé en route un destroyer ennemi; il changea immédiatement de direction et donna la chasse à l'*Izoumroud*, mais il ne put le rattraper et celui-ci disparut dans le nord.

Avant ces événements, la division Uriu, tandis qu'elle se dirigeait vers le nord, aperçut à 7 heures du matin, dans l'ouest, un bâtiment ennemi. Aussitôt, l'*Otawa* et le *Nitaka*, sous le commandement du capitaine Arima, du premier de ces croiseurs, se détachèrent pour le détruire. A 9 heures, ils l'avaient rejoint et le reconnurent pour le *Suiétlana*; il était accompagné d'un destroyer. Se rapprochant plus près, ils ouvrirent le feu et, après un engagement qui dura environ une heure, ils coulèrent le *Suiétlana* au large de la baie Chiuk-Pyong. Le *Nitaka*, accompagné du destroyer *Murakumo,* qui venait d'arriver, continua à poursuivre le destroyer ennemi *Bystry :* à 11^h 50, il le poussa à la côte et le coula dans une baie sans nom, à 5 milles au nord de la baie Chiuk-Pyong. Les survivants de ces deux bâtiments furent tous recueillis par les vapeurs auxiliaires *America-Maru* et *Kasuga-Maru.*

La plus grande partie de notre escadre combinée qui avait participé à la reddition de l'ennemi se trouvait encore sur le lieu de la capitulation et était occupée avec les quatre vaisseaux capturés, lorsque, à 3 heures, le bâtiment ennemi *Amiral-Ouchakof* fut aperçu, venant du sud. Un détachement composé de l'*Iwate* et du *Yakumo* fut aussitôt envoyé contre lui; un peu après 8 heures, ces navires l'avaient rejoint alors qu'il cherchait à s'échapper dans le sud. Ils le sommèrent de se rendre ; mais, pour toute réponse, il ouvrit le feu ; il ne restait donc plus qu'à l'attaquer. Finalement, il fut coulé et plus de trois cents survivants furent recueillis.

A 3^h 30, les destroyers *Sazanami* et *Kagero* aperçurent deux destroyers ennemis qui fuyaient dans l'est et se trouvaient alors à 40 milles environ au sud-ouest des îles Ulneung. Le plus arriéré des deux destroyers hissa un pavillon blanc en signe qu'il se rendait ; le *Sazanami* en prit aussitôt possession. On le reconnut pour le *Biédowy :* le vice-amiral Rojestwensky se trouvait à bord avec son état-major ; ils furent faits prisonniers ainsi que l'équipage. Le

Kagero continua à chasser l'autre destroyer jusqu'à 6 heures et demie; mais finalement il parvint à s'échapper. A 5 heures du soir, la division Uriu et la division de destroyers Yajima, qui recherchaient l'ennemi dans l'ouest, aperçurent le croiseur cuirassé *Dimitri-Donskoï* qui faisait route au nord et se lancèrent à sa poursuite. Au moment où le bâtiment russe arrivait à 30 milles au sud des îles Ulneung, l'*Otowa* et le *Nitaka* revenaient de la baie Chiuk-Pyong avec les destroyers *Asagiri, Shirakumo* et *Fubuki;* ils s'en rapprochèrent par l'ouest et ouvrirent le feu sur lui; il fut pris ainsi entre les feux croisés de ces bâtiments et de la division Uriu. Des deux côtés, on se battit avec acharnement jusqu'à la tombée de la nuit; le croiseur ennemi fut désemparé, mais il continua à flotter. Pendant la nuit, on le perdit de vue. Aussitôt que les croiseurs eurent cessé le feu, le *Fubuki* et la division de destroyers Yajima l'attaquèrent; mais le résultat resta incertain. Dans la matinée du jour suivant, on aperçut le navire dérivant près de la côte sud-est des îles Ulneung, et il finit par sombrer. Les survivants, qui avaient débarqué dans les îles, furent recueillis par le *Kasuga* et le *Fubuki*.

Tandis que la plus grande partie de la flotte combinée était ainsi occupée dans le nord à récolter le fruit de la poursuite, d'importantes captures de bâtiments se faisaient dans le sud sur le théâtre de la bataille. En effet, les vapeurs auxiliaires *Shinano-*

Maru, *Tainan-Maru* et *Yawata-Maru* avaient appareillé dans la matinée du 28 avec la mission de faire des recherches sur le lieu du combat. Ils aperçurent le *Sissoï-Véliky* à 30 milles au nord-est de Karasaki. Ce cuirassé avait été frappé par des torpilles la nuit précédente et était alors sur le point de sombrer. Nos vapeurs se préparèrent à le capturer et à recueillir les équipages. Il coula à 11^h 6. D'un autre côté, à 5^h 20, le destroyer *Shiranui* et le vapeur auxiliaire *Sado-Maru* trouvèrent l'*Amiral-Nakhimof* en détresse, à environ 5 milles à l'est de Kotosaki, sur les côtes de Tsoushima. Ensuite, ils aperçurent dans le voisinage le *Vladimir-Monomakh* qui donnait une forte bande. Le *Sado-Maru* prit ses dispositions pour capturer ces deux vaisseaux ; mais ils étaient si fortement avariés que l'eau les envahissait rapidement et ils coulèrent successivement à 10 heures, après que leurs équipages eurent quitté le bord. A ce moment précis, le destroyer *Gromky* arriva dans le voisinage ; puis, tout à coup, il fit route au nord. Le destroyer *Shiranui* se lança à sa poursuite et l'attaqua à environ 1^h 30, secondé par le n° 63 qui faisait partie d'une des divisions de torpilleurs. Le feu de l'ennemi ayant été éteint, le destroyer fut capturé et son équipage fait prisonnier ; mais il était si endommagé qu'il coula à midi 43. En plus, les canonnières et les vapeurs auxiliaires de notre flotte fouillèrent les côtes environnantes après la bataille et recueillirent un grand nombre de marins des bâtiments coulés. En comprenant les équipages des vaisseaux capturés, le nombre des prisonniers s'éleva à 6000.

Tels furent les résultats de la bataille, qui dura depuis l'après-midi du 27 jusque dans l'après-midi du 28. Plus tard, une partie de la flotte poussa ses recherches dans le sud ; mais aucune trace de bâtiment ne fut relevée. Trente-huit vaisseaux environ avaient essayé de pénétrer dans la mer du Japon ; les bâtiments qui parvinrent à échapper à la destruction se réduisent à quelques croiseurs, destroyers et bâtiments auxiliaires. Nos pertes pendant les deux jours du combat ont seulement été de trois torpilleurs. Quelques autres de nos bâtiments furent plus ou moins avariés, mais aucun n'est incapable de continuer son service. Nos pertes dans toute la flotte furent de cent seize tués et cinq cent trente-huit blessés, officiers compris, ainsi que le prouve la liste détaillée qui en est donnée.

Il n'y avait pas grande différence dans la puissance de chacune des deux forces et j'estime que les officiers et les marins ennemis ont combattu avec la dernière énergie et avec intrépidité pour leur patrie. Si néanmoins nos escadres combinées ont remporté la victoire et obtenu les résultats que j'ai mentionnés, il faut l'attribuer aux vertus de Sa Majesté l'empereur et non à la bravoure humaine. Il est impossible de ne pas croire que le petit nombre des pertes ne soit dû à la protection des esprits des ancêtres impériaux. Même nos officiers et nos marins, qui ont combattu si vaillamment et si résolument, ne trouvent pas d'expressions, en voyant les résultats, pour manifester leur étonnement.

État comparatif
Situation des bâtiments ennemis

I. — Cuirassés : huit ; dont six furent coulés (le *Kniaz-Souvorof*, l'*Alexandre III*, le *Borodino*, l'*Ossliabia*, le *Sissoï-Véliky* et le *Navarin* ; et deux furent capturés : l'*Orel* et le *Nicolas Ier*.

II. — Croiseurs : neuf ; dont quatre furent coulés (l'*Amiral-Nakhimof* et le *Sviétlana*) ; trois se sont enfuis à Manille et y furent internés (l'*Aurora*, l'*Oleg* et le *Jemtchoug*) ; un s'échappa à Vladivostok (l'*Almaz*) et un fit naufrage dans la baie Vladimir (l'*Izoumroud*).

III. — Garde-côtes : trois ; dont un fut coulé (l'*Amiral-Ouchakof*) et deux furent capturés (l'*Amiral-Apraxine* et l'*Amiral-Séniavine*).

Destroyers : neuf ; dont quatre furent coulés (le *Bouïny*, le *Bystry*, le *Gromky* et un autre) ; un fut capturé (le *Biédovy*) ; un coula par suite de ses avaries en essayant d'atteindre Shanghaï (le *Blestiachtchy*) ; un s'enfuit à Shanghaï et y fut désarmé (le *Bodry*) ; un s'échappa à Vladivostok (le *Bravy*) et le sort du dernier est resté inconnu.

IV. — Croiseur auxiliaire ; un; qui fut coulé (l'*Oural*).

V. — Vapeurs auxiliaires : six ; dont quatre furent coulés (le *Kamtchatka*, l'*Irtish*, l'*Anadyr* et le *Rouss*) ; deux s'enfuirent à Shanghaï où ils furent internés (le *Koreja* et le *Svir*).

VI. — Bâtiments hôpitaux : deux ; qui furent saisis tous les deux ; l'un (le *Kostroma*) fut ensuite relâché, et l'autre (l'*Orel*) fut fait prise de guerre.

Récapitulation

20 bâtiments coulés ;

6 capturés ;

2 coulés ou perdus en se sauvant ;

6 désarmés et internés après la bataille dans des ports neutres ;

1 relâché après capture ;

2 échappés.

Nancy, impr. Berger-Levrault et Cie

Nancy, imp. Berger-Levrault et Cie.

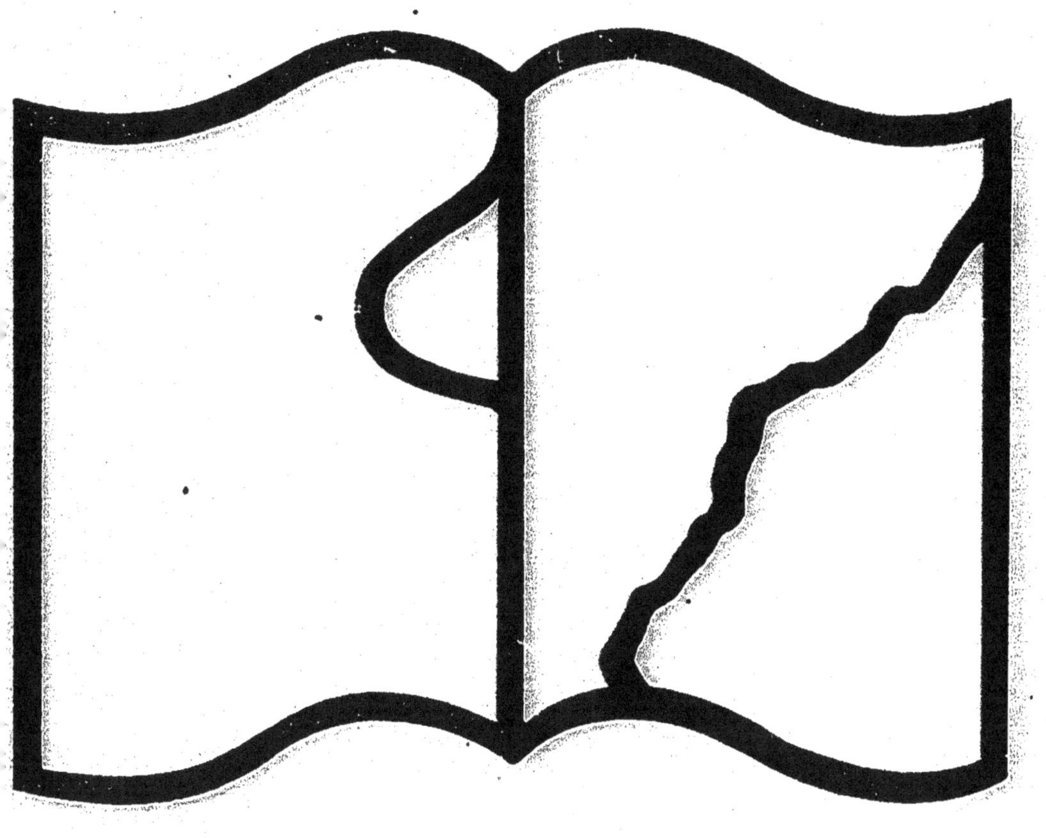

Texte détérioré — reliure défectueuse

NF Z 43-120-11

www.ingramcontent.com/pod-product-compliance
Lightning Source LLC
LaVergne TN
LVHW010303230826
846091LV00007BB/2677

* 9 7 8 2 0 1 2 9 4 0 3 6 9 *